Una Salvación tan grande

Una Salvación tan grande

Eduardo Vargas

Copyright © 2015 por Eduardo Vargas.

Número de Control de la Biblioteca del Congreso de EE. UU.: 2015903041
ISBN: Tapa Blanda 978-1-5065-0040-9
Libro Electrónico 978-1-5065-0055-3

Todos los derechos reservados. Ninguna parte de este libro puede ser reproducida o transmitida de cualquier forma o por cualquier medio, electrónico o mecánico, incluyendo fotocopia, grabación, o por cualquier sistema de almacenamiento y recuperación, sin permiso escrito del propietario del copyright.

Las opiniones expresadas en este trabajo son exclusivas del autor y no reflejan necesariamente las opiniones del editor. La editorial se exime de cualquier responsabilidad derivada de las mismas.

El texto Bíblico ha sido tomado de la versión Reina-Valera © 1960 Sociedades Bíblicas en América Latina; © renovado 1988 Sociedades Bíblicas Unidas. Utilizado con permiso. Reina-Valera 1960™ es una marca registrada de la American Bible Society, y puede ser usada solamente bajo licencia.

Información de la imprenta disponible en la última página.

Fecha de revisión: 25/02/2015

Para realizar pedidos de este libro, contacte con:
Palibrio
1663 Liberty Drive
Suite 200
Bloomington, IN 47403
Gratis desde EE. UU. al 877.407.5847
Gratis desde México al 01.800.288.2243
Gratis desde España al 900.866.949
Desde otro país al +1.812.671.9757
Fax: 01.812.355.1576
ventas@palibrio.com

DEDICACIÓN

Estaré agradecido eternamente con mi Padre Celestial a quien le plació escogerme desde antes de la fundación de mundo y me llamo para ser uno de sus mensajeros en la tierra.

Dios es un Dios de propósitos. Todo lo que el hace tiene un final que es el de exaltar su nombre y llevar a cabo sus planes en el universo.

Veo una y otra vez en las escrituras que cuando el Señor tiene un mensaje para la tierra; el escoge un hombre, lo prepara con ayuda de otras personas, le da el mensaje y lo envía a hablar este mensaje. Después de que Dios logra hacer esto es entonces el tiempo de traer un cumplimiento a que lo que el hablo en los cielos y ha sido repetido en la tierra a través de su mensajero.

Dios en su misericordia quiso que yo conociera y conozco hasta el día de hoy a uno de estos mensajeros. Por muchos años he tenido la gran bendición de conocer al apóstol John Boney.

Mi Dios ha usado a mi hermano John Boney para formar mi vida y mi carácter y darme un mensaje que viene directamente desde el trono de Dios.

Juntamente con él, he de agradecer a todos los ministros del equipo ministerios internacionales Emanuel. Ellos han sido mensajeros de Dios para traer a mi vida más claridad de los propósitos de Dios y la revelación de su palabra.

Agradezco a mi familia, a mi esposa y mis hijos por su comprensión por las muchas horas que he dedicado a la obra de ministerio y ahora las muchas horas dedicadas para escribir estos libros.

Gracias a mi familia espiritual por su apoyo, sus oraciones y contribuciones para hacer posible que las enseñanzas que Dios me ha dado sean transferidas a este formato para bendición de mucha gente en todas partes del mundo.

Dedico también esta obra a todas aquellas personas que así como yo, que estuve en un tiempo con la sensación de que el evangelio era mas de lo que hasta entonces yo había escuchado y recibido de algunos ministros.

Creo sinceramente que hay muchas personas que conocen a Dios y conocen de Dios y al mismo tiempo de alguna forma estas personas perciben en su espíritu que todavía hay mas en Dios y hay mas de Dios.

Voy a incorporar al final de este libro alguna información para que las personas que así lo quieran puedan comunicarse conmigo pues estoy en la disposición de brindarles toda la ayuda que este a mi alcance para que este mensaje sea entendido y así mismo que este mensaje sea enseñando a otras personas.

PROLOGO

Muchos son los temas en la sagradas escrituras, el tema del que más se habla es el tema de la salvación.

Es mi deseo que a través de este libro el tema de la salvación sea entendido con más claridad, pues creo que este tema es el inicio del caminar de todos aquellos que han sido llamados por el Señor.

Es posible, que muchos libros han sido ya escritos en cuanto a este tema y se que es el tema más predicado y más enseñado en nuestras iglesias.

Algunas cosas que se van a hablar en este libro van a lanzar un reto a nuestras creencias, nuestra teología y aún a la doctrina de nuestras congregaciones. Una cosa sí les garantizo, todo de lo que van a leer tendrá base en las sagradas escrituras.

Aconsejo a los lectores y estudiantes de las escrituras que lean este libro con una mente abierta y con un corazón dispuesto delante de Dios y especialmente que puedan escuchar la voz del espíritu de Dios a través de las sagradas escrituras.

Este libro tiene varios propósitos; en primer lugar dar información a los lectores, en segundo lugar aquellas personas que enseñan las escrituras pueden usar este libro como un manual para enseñar a otros y por último también se puede usar este libro para un crecimiento espiritual personal.

Aconsejo también que se lea el libro a plenitud tomando notas por si van a existir algunas preguntas que estaré dispuesto a contestar en su debido tiempo.

Gracias por tu interés de aprender más de Dios y de conocer más a Dios. Creo sinceramente que este libro te será de mucha ayuda.

Temas a Tratar

La salvación de acuerdo a la enseñanza popular

Textos bíblicos que se han usado ERRONEAMENTE para predicar y enseñar la salvación

Lo que en verdad enseñan estos textos Bíblicos

La Salvación según las escrituras

CAPITULO UNO

Salvación según la enseñanza Popular

En la mayoría de las iglesias evangélicas y cristianas lo que mas se predica y enseña es el tema de la salvación inicial.

Las personas que predican y enseñan de este tema, se apoyan en varios textos bíblicos que si se analizan a la luz de otras escrituras, encontramos que no están hablando de la salvación.

Este tema es predicado en casi todas las reuniones y se predica aun a las personas que ya han hecho una profesión de fe.

Considero que, al estar la gente escuchando por lo general este mismo tema les da ellos una un sentimiento de inseguridad y frustración.

Inseguridad porque creen que si escuchan este tema casi todas las veces que atienden los servicios, es porque quizá ellos, los oyentes no son salvos.

Frustración en los oyentes porque ellos perciben que hay mucho más que aprender las escrituras pero no lo están recibiendo.

No es de extrañar entonces que en ciertas oportunidades, especialmente cuando se invita a un evangelista a predicar a la gente de la iglesia, y el tema a hablar es la salvación, la mayoría de la gente de la iglesia va a pasar al frente nuevamente como se dice en el idioma cristiano a "aceptar a Cristo" y asegurarse de que sí son salvos.

Programas y actividades múltiples se concentran en este esfuerzo de llevar a los oyentes a la decisión de recibir esta salvación.

Según lo que se entiende en las iglesias esta salvación se recibe al hacer una oración.

Vale la pena mencionar que el hacer una oración para ser salvo no es un concepto bíblico. Es posible que esta idea de hacer una oración para recibir la salvación venga de algunas escrituras bíblicas que hablan de confesar el nombre del Señor.

Después de que las personas hacen la oración y se les asegura que ya son salvos, ya no existe otra meta a alcanzar y los cristianos sienten que como ya hicieron esta decisión, ya lo alcanzaron todo.

Lo mas frustrante de esta experiencia de hacer la oración es que en la mayoría de los casos, las personas no experimentan un cambio y por consecuencia viven una vida doble; tienen un comportamiento cristiano en la iglesia o cuando están rodeados de otras personas que van a la misma iglesia y se comportan diferente cuando esta solos o con la familia.

Otras personas que hacen la oración y que no experimentan un cambio siguen viviendo la vida antigua convencidos de que una oración que hicieron una vez les garantiza la salvación sin la necesidad de hacer cambios y que después de esta oración ya no hay nada mas que hacer.

No estoy quitándole la importancia a la salvación.

La salvación es importante para Dios pues esa es una de las razones por las cuales envío a su hijo al mundo.

La salvación es importante para nosotros, pues ese es el paso inicial que nos aleja del pecado y nos acerca a Dios.

Simplemente estoy aludiendo al hecho de que no es una oración lo que nos da la salvación.

Aun las personas que experimentan una transformación como resultado de creer en el Señor Jesucristo deben de darse cuenta que esta experiencia no es la meta final, si no que es el principios de su caminar espiritual.

Antes de pasar a la próxima sección quiero decir que la salvación inicial es una realidad en las escrituras y respaldada por un mover de Dios en las personas que escuchan el mensaje que se predica basado en la revelación bíblica.

En el ultimo capitulo voy a hablar mas extenso de este tema de la salvación.

Como podemos ver: la iglesia del Señor Jesucristo tiene mucho que crecer y es solamente a través de recibir la revelación de Dios por medio de su Espíritu Santo que podremos entender que es lo que existe mas allá de la salvación inicial que algunas personas han experimentado.

Lo que sigue en adelante estará dividido en tres partes

Primero Veremos una lista de algunos textos bíblicos que se usan para predicar y enseñar de la salvación. Son muchos los textos bíblicos que se usan pero yo estaré concentrado en los textos mas populares.

Estaré dando una pequeña sinopsis de lo que por general se enseña y predica

Después daré una explicación de lo que estos textos están enseñando. Mantengan en mente que estas explicaciones que voy a dar no son interpretaciones de los textos, si no que estas explicaciones están basadas en revelaciones de las mismas escrituras que se usan para hablar de esta salvación inicial.

Al final estaré abarcando el tema de la salvación desde el punto de vista de las escrituras y de acuerdo a las revelaciones del Espíritu Santo de Dios.

CAPITULO DOS

Textos Bíblicos Usados Erróneamente Para Predicar y Enseñar Salvación

Existen varios textos bíblicos que en el cristianismo se ha usado para predicar y enseñar a la iglesia acerca de la salvación.

Estos textos son usados también para evangelizar a las personas, que la iglesia le llama: los perdidos, o sea la gente que esta lejos de Dios.

No voy a revisar todos los textos, si no que solamente voy a revisar los tres versículos mas usados.

Primero estaré diciéndoles como es que estos textos se han usado erróneamente y mas adelante haré el análisis bíblico para mostrar el verdadero significado de estos textos bíblicos.

Primer Texto

Juan 3:16

Porque de tal manera amó Dios al mundo, que ha dado a su Hijo unigénito, para que todo aquel que en Él cree, no se pierda, mas tenga vida eterna.

Lo que se Enseña

Sin ninguna duda este texto es el mas usado para comunicar la salvación a los oyentes.

Considero que de todos los textos bíblicos, Juan 3:16 es el texto mas conocido aun por algunas personas que no creen en Dios ni creen en la Biblia.

Después de que el predicador lee este texto, empieza a predicar de algunos de los siguientes temas:

El amor de Dios

El Mundo

El sacrificio de Jesús

El Pecado

El infierno

La Salvación

Al morir, ir a vivir al Cielo para siempre

Lo que se hace énfasis a los oyentes es que están perdidos en sus pecados y que si no se arrepienten al morir van a terminar en condenación eterna en el infierno o en el lago de fuego.

una de las preguntas con la cual se evangeliza a los perdidos es la siguiente: ¿ Si mueres esta noche, estas seguro que vas a ir al cielo con el Señor ?

Si la persona es sincera y honesta va a contestar de que no esta segura de ir al cielo con el Señor si se muere esa noche.

Después de esta respuesta obvia, el que esta evangelizando procede a leer este texto bíblico, inculcando miedo del infierno y el castigo eterno y ofreciendo al oyente un escape; la salvación, si tan solo hace una oración para arrepentirse de sus pecados y aceptar a Jesucristo como su único y suficiente salvador.

Las personas que acepten el mensaje predicado van a ser guiados a repetir una oración y después de esto se les asegura que ya son salvos y que al morir van a ir a vivir en el cielo por la eternidad.

Verdadero Significado

Juan 3:16

Porque de tal manera amó Dios al mundo, que ha dado a su Hijo unigénito, para que todo aquel que en Él cree, no se pierda, mas tenga vida eterna.

De todos la lista de temas que enumeré anteriormente, los únicos temas que tienen el respaldo bíblico en este texto son: El amor de Dios y el Sacrificio de su Hijo.

Después de estos dos temas, los otros temas son el resultado de doctrinas de las denominaciones, teología, deducciones y tradiciones cristianas.

No menciono el mundo como un tema que pertenezca a este texto bíblico pues la interpretación de la iglesia de lo que es el mundo, no es lo que la Biblia enseña.

Notemos que en este texto no se menciona el Infierno o el Cielo. No habla de una Salvación.

Este texto no dice que el que cree, al morir va a vivir en el cielo para siempre.

En otra enseñanza estaré explicando este texto bíblico con mas detalles y a la luz de otras escrituras y por la revelación del Espíritu de Dios.

Mientras tanto quiero que vean lo que en realidad nos dice esta escritura.

Entiendo que lo que van a leer a continuación va a ir en contra de enseñanzas teológicas, en contra de doctrinas denominaciones y aun en contra de tradiciones cristianas y evangélicas.

Lo importante es recibir la revelación de lo que dice este texto y enseñarlo y predicarlo de acuerdo a lo que Dios nos muestra.

Dios amó al Mundo

¿Qué es el mundo?

Según el Diccionario, el mundo significa muchas cosas

El Universo. Todo lo creado por Dios (Gen 1:1)

La Tierra habitada (Salmo 49:1 …todos los habitantes del mundo)

La Humanidad a quien el ama

Los sistemas que gobiernan en la tierra: Educación, Política, Medicina, Cultura, Religión, Comercio, etc.

El mundo pertenece a Dios (Salmos 24:1 De Jehová es la tierra y su plenitud; el mundo y los que en él habitan)

El mundo es un sistema que fue creado por Dios para mantener un orden y para facilitar intercambios mercantiles, transferencias monetarias, avances en la medicina, mejoras en la educación, mejoras en la construcción de carreteras para facilitar el trafico entre regiones y naciones de la tierra, Guías para el progreso, mejoras en todas las áreas de la cultura, etc. El mundo fue creado por Dios para que las naciones de la tierra pudiesen operar en cierto orden y mantener alejado el caos, la corrupción, el egoísmo y la maldad.

Muchos de los principios bíblicos usados para que fuera establecieron este sistema llamado mundo aun son observados por algunas naciones. En la mayoría de los casos estos principios han sido corrompidos y esta es la razón por la cual Dios va a reemplazar el sistema del mundo por un sistema nuevo.

Todo aquel que en El cree. El creer viene por el oír de la palabra de Dios. Creer no es solamente recibir información de Dios, si no que experimentar a Dios en toda su plenitud: Jesús, Cristo, el Señor.

¿Qué es creer en el Unigénito?

¿Cuál es el nombre del Unigénito?

Jesús: Salvador

Este es el principio de nuestro caminar con Dios. La primer obra de Dios en nosotros es nuestra experiencia de la salvación de nuestro espíritu.

Cristo: Ungido, Mesías, Enviado

Esta dimensión de Dios es nuestra experiencia con la unción, o sea el Espíritu Santo. Recibimos el Espíritu Santo para que Dios cambie nuestra alma; o sea la salvación del alma.

Señor: Creador y Dueño de Todo el Universo

Aquí se experimenta la perfección de la salvación, incluyendo la salvación del cuerpo; o sea, la dimensión Señor opera en nosotros para perfeccionar su obra.

Esta dimensión es donde se experimenta el Espíritu del Señor. Esta es la dimensión de la gloria de Dios.

No se pierda

¿Qué es estar Perdido?

Contrario a lo que se ha creído, estar perdido no es tanto algo que habla solamente del pecado según lo que vemos en Mateo 10:5-6 A estos doce envió Jesús, y les mandó, diciendo: No vayáis por camino de los gentiles, y no entréis en ciudad de samaritanos, 6sino id antes a las ovejas perdidas de la casa de Israel.

Estar perdido significa salirse del camino de Dios. Jesús dijo "Yo soy el Camino" Toda persona que ha tomado otro camino, esta perdido.

Salirse del camino también es seguir enseñanzas fuera de los propósitos de Dios. Jesús envía a sus discípulos a predicarles a las ovejas perdidas de la casa de Israel. En ese tiempo habían muchas sectas diferentes pero ninguna de ellas llevaba a la gente a Dios.

Cuando recibimos las enseñanzas correctas podremos regresar al camino correcto. En otras palabras volveremos a caminar en el cumplimiento de los propósitos de Dios para nosotros y podremos así llevar a un cumplimiento los planes de Dios para toda la humanidad.

Tenga Vida Eterna

¿Qué es Vida Eterna?

Se ha dicho que vida eterna es vivir para siempre pero Jesús nos da la definición de la vida eterna en Juan 17:3 Y ésta es la vida eterna: Que te conozcan a ti, el único Dios verdadero, y a Jesucristo a quien tú has enviado

Vida eterna es entonces conocer al Dios verdadero y a Jesucristo.

El significado de conocer en este texto bíblico es mucho mas de lo que nosotros entendemos. Para nosotros, en el idioma español solo hay una palabra para conocer. En el Hebreo existen diferentes palabras que se traducen conocer pero que tienen significado diferente. Conocer a Dios es la misma palabra que habla el libro de Genesis cuando dice que Adan conoció a Eva y ella dio a luz a su primer hijo.

Esto es lo mismo que sucede con toda persona que conoce a Dios a un nivel muy intimo. La relación personal con Dios da el fruto que es la vida eternal.

En otra enseñanza estaré hablando con mas detalle de Juan 3:16. Por ahora podríamos entonces decir este texto de la siguiente manera:

Porque de tal manera amó Dios al mundo (toda la creación, la humanidad, los sistemas que gobiernan la tierra) que ha dado a su hijo unigénito, para que todo aquel que el cree (Jesús, Cristo, Señor) no se pierda (que encuentre el camino) mas tenga vida eterna (conocer al verdadero Dios y a Jesucristo que fue enviado)

Segundo Texto

1 Timoteo 2:4

el cual quiere que todos los hombres sean salvos, y vengan al conocimiento de la verdad.

Lo que se Enseña

Nuevamente lo que sucede después que el predicador lee este texto, procede a hablar del Pecado, el Infierno, Arrepentimiento de los pecados, el Cielo y vivir para siempre allí después de morir.

Se presenta a Dios como alguien que tiene buenas intenciones para la humanidad, que todos los hombres sean salvos.

Quienes predican en este texto hacen mas énfasis en la primera parte; el cual quiere que todos los hombres sean salvos.

En la mayoría de los casos no se escucha la enseñanza o predicación de la segunda parte: y vengan al conocimiento de la verdad.

Verdadero Significado

1 Timoteo 2:4

el cual quiere que todos los hombres sean salvos, y vengan al conocimiento de la verdad.

Notemos que este verso tiene dos partes:

Dios quiere que todos los hombres sean salvos. La salvación es importante pero es solo el primer paso para lo que viene después.

Salvación

1 Tesalonicenses 5:23 Y el mismo Dios de paz os santifique enteramente; y que todo vuestro espíritu, alma y cuerpo sean guardados irreprensibles para la venida de nuestro Señor Jesucristo.

Salvación del espíritu

Esta es la obra de Jesús

Salvación del Alma

Emociones, mente y voluntad. Esta es la obra del Espíritu Santo

Salvación del Cuerpo

Cuerpo incorruptible. Esta es la obra del Señor

Que todos los hombres vengan al conocimiento de la Verdad. Jesucristo dijo: "Yo soy el camino, la verdad, y la vida, nadie viene al Padre si no es por mi (Juan 14:6) La Verdad no es nada mas que una persona, Jesús. Entendemos entonces que la razón por la cual Dios quiere que los hombres sean salvos es para que procedan a conocer a su hijo el Señor Jesucristo.

En el ultimo capitulo de este libro estaré abarcando el tema de la salvación de una forma mas completa y detallada.

Tercer Texto

3. Romanos 3:23

por cuanto todos pecaron, y están destituidos de la gloria de Dios;

Lo que se Enseña

No quiero sonar redundante, pero lo mismo sucede con este texto bíblico.

Después de leer este texto, los predicadores proceden a predicar de los mismos temas mencionados antes: El pecado, el Infierno, arrepentimiento de los pecados, el cielo y vivir para siempre allí después de morir.

Podemos ver por lo que hasta ahora les he expuesto que los mensajes a predicar no están necesariamente basados en los textos bíblicos, si no que por el contrario, primero se escoge el mensaje y después se buscan algunos textos bíblicos para apoyar lo que se va a hablar.

Verdadero Significado

Todos Pecaron

LA DEFINICIÓN DE PECADO. Para poder comprender plenamente esto, se hace necesario que veamos la raíz etimológica de la palabra pecado, la cual viene del griego amartia lit., errar el blanco.

Pecado entonces no es tanto la definición que nosotros le hemos dado. Pecar es errar el blanco.

Errar el blanco significa que Dios ha diseñado un camino para llegar a El y porque el hombre ha buscado otras formas y caminos, han errado o se han perdido del camino que Dios creo.

Errar el blanco en cuanto al propósito que Dios ha escogido establecer en la tierra. Como resultado de no tener la revelación de Dios en cuanto a sus propósitos para la tierra, se han inventado otros propósitos que no son los de Dios y que por lo tanto no se van a llevar a cabo.

Errar el blanco es tirar una flecha y no pegarle al área a la cual se ha apuntado.

Un adagio famoso dice: Todos los caminos llevan a Roma. Mucha gente ha tomado la misma actitud en cuanto a Dios y dicen que no importa el camino que tomes, si eres sincero, llegarás a Dios.

Jesucristo dijo: "Yo soy el camino, la verdad, y la vida, nadie viene al Padre si no es por mi (Juan 14:6)

Solo hay un camino a Dios, su hijo Jesucristo el Señor. Toda persona que toma otro camino, ha errado.

Errar el blanco en cuanto a la obra que Dios quiere hacer en nosotros. Por lo general nunca escuchamos de lo que Dios va a hacer en nosotros mientras estamos en la tierra pero sí se habla de lo que va a sucedernos después de que morimos.

El diccionario define el pecado de la siguiente manera: Errar la marca y no poder compartir en el premio. ¿Cuál es el Premio de no errar el blanco? La gloria de Dios en el hombre.

Gloria de Dios

Están destituidos de la gloria de Dios. Otra versión de la Biblia lo dice así: Por cuanto todos pecaron y han quedado cortos de participar en la gloria de Dios.

Destituido

Expulsar a una persona del cargo que ocupa

Privar [a uno] de alguna cosa

expulsar a una persona de su cargo

El penalti que se paga por errar el camino es no participar de la recompensa que esta al final del camino correcto.

De la Gloria de Dios

El premio al final del camino correcto es participar en la gloria de Dios.

Definición de gloria: gloria es la fama, el honor y la reputación que se obtiene gracias a los grandes logros o las buenas acciones.

"Peso" y "valía", y por tanto "estima", "honor", "honra", "admiración" (Deuteronomio 5:24; Números 24:11)

Deuteronomio 5:24 y dijisteis: He aquí, Jehová nuestro Dios nos ha mostrado su gloria y su grandeza, y hemos oído su voz de en medio del fuego: hoy hemos visto que Jehová habla al hombre, y éste vive.

Números 24:11 Por tanto huye ahora a tu lugar; yo dije que te honraría, mas he aquí que Jehová te ha privado de honra.

El término también se usa para referirse a la "riqueza" y las propiedades personales (Génesis 31:1), como así al honor y estima que resulta de tal riqueza.

También kâbôd aparece en contextos que hablan del brillo y de la luz resplandeciente que acompaña la presencia de Dios (Exodo 24:16, 17; Ezequiel 10:4; etc.)

Participar de la gloria de Dios significa llegar a ser uno con el Señor.

Juan 17:22 Y la gloria que me diste, yo les he dado; para que sean uno, como nosotros somos uno.

Ejemplos

Adán y Eva

Vestidura Original. Génesis 2:25 Y estaban ambos desnudos, Adán y su esposa, y no se avergonzaban.

Pierden su vestido por el pecado. Génesis 3:9-11 Y llamó Jehová Dios a Adán, y le dijo: ¿Dónde estás tú? 10 Y él respondió: Oí tu voz en el huerto, y tuve miedo, porque estaba desnudo; y me escondí. 11 Y le dijo Dios: ¿Quién te enseñó que estabas desnudo? ¿Has comido del árbol de que yo te mandé no comieses?

A pesar que Adán y Eva estaban desnudos, Dios los tenia cubiertos con su gloria. Cuando ellos pecaron, la gloria les fue quitada y por eso se escondieron del Señor.

Jesús en el monte

Mateo 17:1-3 Y seis días después, Jesús tomó a Pedro, y a Jacobo, y a Juan su hermano, y los llevó aparte a un monte alto; 2 y se transfiguró delante de ellos; y su rostro resplandeció como el sol, y su vestidura se hizo blanca como la luz. 3 Y he aquí les aparecieron Moisés y Elías, hablando con Él.

Jesús tenía la gloria de su Padre dentro de él y en el monte es transfigurado manifestando esta gloria en todo su cuerpo.

Restauración de la Gloria de Dios en el Hombre

Romanos 3:23

por cuanto todos pecaron, y están destituidos de la gloria de Dios;

Todos los seres humanos han errado y no podrán participar de la gloria de Dios.

El Señor mismo ha declarado que su gloria llenará toda la tierra.

Esta gloria Dios la había depositado en la primer pareja, Adán y Eva. Debido al pecado esta gloria fue quitada de ellos y se encontraron desnudos.

Esta gloria fue también manifestada por diferentes varones de Dios a través de los tiempos: Abraham, Moisés, Elías, Eliseo, David y otros.

Dios ha diseñado un plan para llenar toda la tierra con su gloria.

Como Dios no cambia, su plan incluye al hombre, pues ese fue su plan original.

En el libro de Juan 14 vemos como Dios vuelve a poner su gloria en el hombre en tres etapas.

En la primer etapa participa el Hijo de Dios, Jesús.

En la segunda etapa participa el Espíritu Santo, Cristo

En la tercera etapa participa el Padre Celestial, el Señor.

La participación del Padre, el Hijo y el Espíritu Santo; el Señor Jesús Cristo.

El Camino

El Padre es la fuente de la gloria y para que el hombre vuelva a recibir esa gloria debe de llegarse al Padre.

Lo primero que Dios hace es mostrarle a la humanidad el verdadero camino.

El primer elemento a participar en la restauración de la gloria de Dios al hombre es nuestro salvador Jesús.

Dios restaura el camino para que el hombre pueda llegar a El a través de Jesús.

Juan 14:6

Jesús le dijo: Yo soy el camino, la verdad y la vida; nadie viene al Padre, sino por mí.

La gloria reside con el Padre y solo hay un camino para llegar al Padre y así participar de esa gloria.

La sangre derramada por el Hijo en la cruz nos limpia de todo pecado. Ahora que nos ha limpiado podemos recibir el segundo elemento en el proceso de Dios, el Espíritu Santo.

Recibiendo el Poder

Hechos 1:8 mas recibiréis poder cuando haya venido sobre vosotros el Espíritu Santo; y me seréis testigos, a la vez, en Jerusalén, en toda Judea, en Samaria, y hasta lo último de la tierra.

El Espíritu Santo viene a nosotros para manifestar esa parte de Dios, su poder. Es a través de este poder que Dios logra hacer los cambios necesarios en nuestra alma.

Recibimos poder para convertirnos en "Testigos"

Testigo: Persona que da evidencia de algo verdadero.

Testigo al dar evidencia de Dios en la tierra manifestando milagros, señales y maravillas.

Testigo al dar evidencia de un cambio de carácter y vida en nosotros. Ahora vivimos la vida de Dios y se forma en nosotros el carácter de nuestro padre.

El Carácter de Dios

Gálatas 5:22-23

Mas el fruto del Espíritu es amor, gozo, paz, paciencia, benignidad, bondad, fe,

23 mansedumbre, templanza; contra tales cosas no hay ley.

Esta es una de las obras del Espíritu Santo en nosotros; formar el carácter de Dios en nosotros cuando el Espíritu da fruto en nuestras vidas. Esta es la nueva criatura en Dios, la nueva naturaleza que hemos recibido del Señor

La operación del Espíritu Santo en nosotros vuelve a poner la vida y el carácter de Dios en nuestras vidas.

El Poder del Espíritu Santo

1 Corintios 12:8-10 8 Porque a la verdad, a éste es dada por el Espíritu palabra de sabiduría; a otro, palabra de ciencia por el mismo Espíritu; 9 a otro, fe por el mismo Espíritu, y a otro, dones de sanidades por el mismo Espíritu; 10 a otro, operaciones de milagros, y a otro, profecía; y a otro, discernimiento de espíritus; y a otro, diversos géneros de lenguas; y a otro, interpretación de lenguas.

Es importante entender que el Espíritu Santo sigue operando en la tierra a través del cuerpo de Cristo. Estas manifestaciones del Espíritu no han cesado, Dios todavía se esta moviendo por su Espíritu y lo seguirá haciendo hasta alcanzar su propósito final en la tierra.

Deposito

Quizás una de las cosas mas difíciles para muchos cristianos aceptar es el hecho de que el Espíritu Santo, según las escrituras es un depósito.

Se ha hecho mucho énfasis en recibir el Espíritu Santo pero hasta ahora no se ha recibido completa revelación de lo que esto significa.

Entendemos entonces que el Espíritu Santo es un deposito de Dios en nosotros para empezar una obra dentro de nosotros para que podamos manifestar el carácter, la vida de Dios y el poder de Dios a través de nosotros. Después que el Señor logre terminar esta obra en nosotros pasaremos al próximo nivel que Dios ha preparado para todos aquellos que son formados a las especificaciones divinas.

2 Corintios 5:5 Mas el que nos hizo para esto mismo es Dios, el cual también nos ha dado las arras del Espíritu.

Arras en las escrituras es la promesa de un compromiso. Esto se acostumbraba hacer cuando un hombre se comprometía a casar con una joven; nosotros diríamos un anillo de compromiso.

Después de un tiempo acordado por las dos familias se procederá a la boda y entonces se usara otro anillo que es el de matrimonio.

En todo lo que es la manifestación del Espíritu Santo, las escrituras nos dicen que es un deposito de algo mas grande que vendrá mas adelante.

Es fácil entender que esto algo es una manifestación mayor de Dios y solo puede estar refiriéndose a la manifestación de su gloria en el hombre y después la manifestación de esta gloria a través del hombre en toda la creación.

Manifestación de la Gloria de Dios en el hombre

Cada vez que Dios hace algo en la tierra, El usa a una persona, y la obra que Dios hace, la hace por la manifestación de su gloria. Hay muchos ejemplos en las escrituras; Adán, Abraham, Moisés, Elías, David, los profetas, sacerdotes y reyes y como el mas excelente ejemplo tenemos a nuestro Señor Jesucristo. Podemos ver que esta manifestación de la gloria de Dios también fue vista a través de la vida de los apóstoles y discípulos del Señor Jesucristo.

Hijo, Espíritu, Padre:

Mencioné anteriormente que son tres operaciones diferentes que Dios lleva a cabo para volver a poner su gloria en el hombre

El Hijo para mostrarnos el camino a la gloria

El Espíritu Santo para darnos un deposito de esa gloria

El Padre para perfeccionar su obra en nosotros y para darnos la plenitud de la gloria de Dios.

Jesús y la Gloria

Muchas veces nos hemos preguntado el porque Jesús manifestó un ministerio tan poderoso y de tanta autoridad. En muchas ocasiones aquellos que somos ministros de Dios nos sentimos frustrados porque nosotros no podemos ejercer mismo ministerio que tuvo Jesús.

Así como Israel estuvo en tres dimensiones: Egipto, el Desierto y la Tierra Prometida, así mismo Jesús.

Cuando Israel salió de Egipto pasó por el Mar Rojo para entrar al desierto en donde estuvieron por cuarenta años, así mismo Jesús fue bautizado en el río para pasar al desierto en donde estuvo por cuarenta días.

Cuando Israel paso el río Jordán y entró a la tierra prometida, Dios los vistió con una nueva autoridad y poder para conquistar la tierra.

Así mismo Jesús cuando regresó del desierto el Padre lo vistió de autoridad y poder para cumplir su ministerio.

Espíritu del Señor

Algo que vemos en las escrituras es que así como hay un Espíritu Santo, también hay un Espíritu del Señor y existe una gran diferencia entre ambos.

Como mencioné antes; el Espíritu Santo manifiesta en nosotros el carácter y el poder de Dios.

Notemos que todo esto es verdad pero existe una dimensión mas perfecta en Dios y esta es la dimensión de la gloria de Dios. En la dimensión de la gloria de Dios todas estas manifestaciones van a alcanzar perfección y nuestra vida y ministerio será semejante al ministerio del Señor Jesucristo.

Declaración de Jesús

Lucas 4:16-21 Y vino a Nazaret, donde había sido criado; y entró el día sábado en la sinagoga, conforme a su costumbre, y se levantó a leer. 17 Y le fue dado el libro del profeta Isaías. Y abriendo el libro, halló el lugar donde estaba escrito: 18 El Espíritu del Señor está sobre mí: Por cuanto me ha ungido para dar buenas nuevas a los pobres: Me ha enviado para sanar a los quebrantados de corazón: Para predicar libertad a los cautivos: Y a los ciegos vista: Para poner en libertad a los quebrantados: 19 Para predicar el año agradable del Señor. 20 Y enrollando el libro, lo dio al ministro, y se sentó: Y los ojos de todos en la sinagoga estaban fijos en Él. 21 Y comenzó a decirles: Hoy se ha cumplido esta Escritura en vuestros oídos.

El ministerio de Jesús manifestó la gloria de Dios.

Vemos que Jesús abrió el libro de Isaías y lo que leyó fue concerniente al Espíritu del Señor.

Jesús nunca ministró por los dones del Espíritu Santo (eso es lo que nosotros tenemos ahora) Jesús ministró por el Espíritu del Señor.

Jesús ministró desde la dimensión de la gloria de Dios.

Quizás la pregunta entonces sea: ¿Por qué es que Jesús ministró a un nivel diferente al que ahora nosotros podemos ministrar?

Jesús cumplió todos los requisitos de su Padre (al contrario del pueblo de Israel) para poder ministrar a ese nivel.

Cuando Jesús era aun niño es llevado por sus padres a Egipto donde lo escondieron de Herodes.

Mateo 2:13 13 Y habiendo ellos partido, he aquí el ángel del Señor apareció en un sueño a José, diciendo: Levántate, toma al niño y a su madre, y huye a Egipto, y quédate allá hasta que yo te diga; porque Herodes buscará al niño para matarlo.

Después de ser bautizado por Juan en el río Jordán (este es el mismo río por el cual cruzó Israel a poseer la tierra prometida) Jesús es llevado por el Espíritu Santo al desierto a ser tentado por Satanás.

Jesús vence las tentaciones y regresa del desierto con la llenura y el poder del Espíritu.

Ahora Jesús entra a poseer la tierra prometida teniendo al Espíritu del Señor sobre el.

El Hijo y su Gloria

Juan 1:14 Y el Verbo fue hecho carne, y habitó entre nosotros (y vimos su gloria, gloria como del unigénito del Padre), lleno de gracia y de verdad.

Dios se hace carne. Dios desciende desde los cielos en la agencia del hijo de Dios y toma un cuerpo para así poder habitar enmedio de los hombres.

La gloria de Dios moraba dentro de ese cuerpo y se manifestaba, o era vista por los hombres, cada vez que ocurría un milagro, sanidad y otras manifestaciones sobrenaturales.

Juan 2:11 Este principio de milagros hizo Jesús en Caná de Galilea, y manifestó su gloria; y sus discípulos creyeron en Él.

Desde el primer milagro que obró Jesús, lo hizo por la gloria que el Padre le había dado

Compartiendo su Gloria

El Hijo pide la Gloria

Esta es una oración poderosa del Hijo delante del Padre, no solo por el, si no que por nosotros también.

Juan 17:5 Y ahora, oh Padre, glorifícame tú contigo mismo, con la gloria que tuve contigo antes que el mundo fuese.

Entendemos entonces que existen diferentes niveles de la gloria de Dios.

Algo muy importante de notar es que Jesús manifestó la gloria de Dios a través de su ministerio pero en esta ocasión Jesús le pide a su padre que le de la gloria que el tuvo cuando estaba con el antes de la existencia del mundo. Esta es una gloria mas excelsa.

El Hijo Imparte su Gloria

Juan 17:22 Y la gloria que me diste, yo les he dado; para que sean uno, como nosotros somos uno.

Que bueno saber que la gloria que Jesús le pide a su padre no es solamente para el. Jesús pide esa gloria para dársela a sus discípulos de ese tiempo y a nosotros que somos los discípulos de Jesus ahora.

Esta gloria es para que los discípulos sean uno con Jesús en la misma forma en que el es uno con su padre. Esta declaración anterior es un misterio y en si y es algo que Dios padre tiene planeado para su futura iglesia.

Tiempos de Transición

Entendemos entonces que el plan de Dios y de Jesús es que nosotros también podamos llegar a ministrar al mismo nivel que ministró Jesús.

Es el deseo y propósito de Dios que los discípulos de Jesús desarrollen el carácter y la vida del Señor.

Hemos recibido el Espíritu Santo y hemos sido testigos de su poder.

Todavía queda mucho mas que no hemos experimentado hasta ahora.

¿Qué es entonces lo que debe de suceder para que lleguemos a experimentar y ministrar como Jesús; con el Espíritu del Señor y con la gloria de Dios?

1 Corintios 13:8-12 8 La caridad nunca deja de ser; mas las profecías se acabarán, y cesarán las lenguas, y la ciencia acabará.

9 Porque en parte conocemos, y en parte profetizamos;

Al recibir el Espíritu Santo vemos la manifestación de su poder y también empezamos a experimentar el fruto del Espíritu Santo en nosotros. Estas dos manifestaciones no son un final en si; son evidencias de un deposito para algo mas grande aun.

Claramente vemos que la manifestación del poder del Espíritu Santo va a detenerse. También observamos que el fruto del Espíritu Santo va a continuar y va a ser parte de la próxima dimensión del mover de Dios.

Esta dimensión en la cual estamos ahora, la dimensión del Espíritu Santo, es una dimensión parcial pues el texto dice: porque en parte conocemos, y en parte profetizamos.

La próxima dimensión, la dimensión de la gloria es un área en donde la perfección será una parte integral en todo lo que Dios va a hacer.

Entendemos que la manifestación de la gloria de Dios no va a suceder antes de que Dios logre su propósito primordial en el hombre, la perfección.

1 Corintios 13

10 mas cuando venga lo que es perfecto, entonces lo que es en parte se acabará. 11 Cuando yo era niño, hablaba como niño, pensaba como niño, juzgaba como niño, mas cuando ya fui hombre hecho, dejé lo que era de niño. 12 Y ahora vemos por espejo, oscuramente; mas entonces veremos cara a cara; ahora conozco en parte; mas entonces conoceré como soy conocido.

Lo que es en parte, como los dones del Espíritu se acabarán. Otra cosa que que se va a acabar es la imperfección de carácter y la falta que existe en nosotros de no poder manifestar la vida de Dios.

En muchas ocasiones yo he escuchado que la forma que se ha explicado este texto es la siguiente: Cuando venga lo perfecto, se refiere a Jesús pues solamente el es perfecto.

Es cierto que Jesús es perfecto pero debemos también de saber que la voluntad del Padre es que su Hijo sea el primogénito entre muchos hermanos que llegarán a ser como el.

El verso numero once aclara de lo que esta hablando este pasaje bíblico. Aqui se nos dice que es lo perfecto.

Este verso habla de la diferencia entre un niño y un hombre. Es importante entender que se esta hablando en sentido espiritual.

Son tres cosas las que van a cambiar en la personas para que crezca de niño a hombre: Hablar, pensar y juzgar.

El verso también dice: mas cuando ya fui hombre hecho.

El niño nace pero el hombre tiene que ser formado.

Toda persona que inicialmente cree en Jesús, es un niño espiritual y necesita ser formado por la mano de

Dios y por la mano de los ministros del Señor hasta que llega a ser un hombre maduro espiritual.

Solo una persona madura puede dejar las cosas de niño.

Según el verso doce, el hombre maduro es transformado por lo que ve. Dice: veremos cara a cara. Ver cara a cara es contemplar la gloria de Dios.

El hombre maduro podrá verse a si mismo como Dios lo ve: Hombre perfeccionado por Dios para cumplir los propósitos de Dios en la tierra.

Camino hacia lo Perfecto

Juan 17:22-23

Y la gloria que me diste, yo les he dado; para que sean uno, como nosotros somos uno. 23 Yo en ellos, y tú en mí, para que sean perfeccionados en uno; y para que el mundo conozca que tú me enviaste, y que los has amado como también a mí me has amado.

El Hijo recibe la gloria del Padre y la entrega a sus discípulos para que se cumplan varias cosas:

Primero es la obra de Dios en nosotros

Que sean Uno, así como el Hijo es uno con el Padre.

La Gloria va a completar la obra de Dios en el hombre: Llevarlo a la perfección.

Después vemos la obra de Dios a través de nosotros:

El mundo va a reconocer que el Hijo de Dios fue enviado por el Padre

El mundo sabrá que Dios nos ha amado en la misma forma que Dios ama a su propio hijo.

2 Corintios 3:17-18

17 Porque el Señor es el Espíritu; y donde está el Espíritu del Señor, allí hay libertad. 18 Por tanto, nosotros todos, mirando con cara descubierta como en un espejo la gloria del Señor, somos transformados en la misma imagen, de gloria en gloria como por el Espíritu del Señor.

Libertad: Primer paso para nosotros; libertad del cautiverio del pecado y del enemigo de Dios.

Cara Descubierta: Venir a Dios con libertad y sinceridad; quitándonos las mascaras. Cara descubierta también significa que podremos recibir la gloria de Dios en nosotros.

Mirando como en un espejo: El espejo es la palabra de Dios según Santiago 1:23

23 Porque si alguno es oidor de la palabra, y no hacedor, éste es semejante al hombre que considera en un espejo su rostro natural.

La gloria del Señor: Mirando la gloria del Señor.

Transformados en la misma imagen del Señor: La transformación es un proceso a veces lento pero seguro. El final es que Dios tendrá en nosotros la imagen del Señor

De gloria en gloria: Varios niveles de gloria. No nos conformemos con lo que hemos alcanzado. Sigamos avanzando pues hay mucho mas en Dios

Por el Espíritu del Señor: El Espíritu del Señor es la manifestación de Dios desde el lugar santísimo.

La Obra de la Gloria

Romanos 8:28-30

28 Y sabemos que todas las cosas ayudan a bien, a los que aman a Dios, a los que conforme a su propósito son llamados. 29 Porque a los que antes conoció, también los predestinó para que fuesen conforme a la imagen de su Hijo, para que Él sea el primogénito entre muchos hermanos. 30 Y a los que predestinó, a éstos también llamó; y a los que llamó, a éstos también justificó; y a los que justificó, a éstos también glorificó

Propósito: Conforme a su propósito son llamados. La mayoría de la gente vive sin propósito. Las enseñanzas que hemos recibido ha opacado el propósito que Dios tiene para nosotros y nos ha entregado un propósito inferior que no demanda ningún esfuerzo de parte de los cristianos. Se nos ha predicado y enseñado que el propósito o la razón por la cual somos salvos es para no ir al infierno y que al morir iremos a vivir al cielo por la eternidad. Todo esto se oye muy lindo pero no es lo que dice el Señor en su palabra. El verdadero propósito de Dios para nosotros tiene varias etapas y necesitamos saber cuales son esas etapas para caminarlas y así llegar al lugar que Dios ha preparado para nosotros

Conoció: porque a los que antes conoció. Para Dios no existe el tiempo ni el espacio así que el nos conoce individualmente desde la eternidad pasada. Las escrituras hablan de un tiempo que se conoce como la fundación del mundo y es en este tiempo que el nos conoció y que escribió nuestros nombres en el libro de la vida para que perteneciésemos a el.

Apocalipsis 17:8

8 La bestia que has visto, era, y no es; y ha de subir del abismo, y ha de ir a perdición; y los moradores de la tierra, cuyos nombres no están escritos en el libro de la vida desde la fundación del mundo, se maravillarán cuando vean la bestia, que era y no es, aunque es

Predestinó: también los predestinó. Nuestro destino final no es un lugar, si no que es un estado y posición en Dios. Cuando Dios nos conoció (eternidad pasada) el también diseñó nuestro destino. Cada día nos vamos acercando mas al producto final que Dios nos diseñó a ser. No dejemos que el desanimo nos venza; Dios esta obrando en nosotros y nos llevará al destino final prescrito sobre nosotros

Ser conforme a la imagen de su Hijo: Es tiempo de quitar las barreras religiosas, espirituales y mentales y debemos de creerle a Dios. El Señor nos ha predestinado para esto: Para llegar a ser conformados a la imagen de su Hijo. Dios nos conoció, escogió y predestinó para formar en nosotros la misma imagen de su hijo.

Adán y Eva fueron hechos a la imagen de Dios, la cual perdieron después de traicionar a Dios

Jesucristo fue enviado a la tierra con la imagen de su padre

Hebreos 1:3

3 el cual, siendo el resplandor de su gloria, y la imagen misma de su sustancia, y quien sustenta todas las cosas con la palabra de su poder, habiendo hecho la expiación de nuestros pecados por medio de sí mismo, se sentó a la diestra de la Majestad en las alturas,

Esta es entonces la obra final en los hijos de Dios; llevarnos hasta el punto que podamos tener nuevamente la imagen misma de El. Todo esto sucede aquí en la tierra y mientras que estemos con vida.

Primogénito (no unigénito): para que Él sea el primogénito. Primogénito significa el primer nacido de una generación grande. El primer ejemplo de otros que serán igual al original (el primer Adán fue una copia y el ultimo Adán, Jesús es el original) Si queremos saber como seremos al final; veamos a

Jesús. Si el es el primogénito de muchos hermanos, los hermanos serán igual a el en todo: Virtud, gloria, autoridad, vida, carácter, etc.

Llamó: a éstos también llamó. El Señor esta llamando a algunos para emprender este camino y llegar al final que es la imagen de Jesús en ellos. Debemos de responder a este llamado. Esto es mas que pertenecer a una religión o a una organización. Este llamado es para dejar que Dios nos cambie y que ponga su imagen en nosotros.

Justificó: a éstos también justificó. Ahora entendemos el propósito de la redención o justificación. Esto es el principio de un caminar y no un final por si solo.

Glorificó: a éstos también glorificó Aquí encontramos el final del camino, La Glorificación del ser humano. Gloria es ser uno con Dios.

Extensión de la Gloria:

Veamos ahora que es lo que hará la gloria mas halla de nosotros mismos.

Romanos 8:18-21

18 Porque tengo por cierto que las aflicciones del tiempo presente no son de comparar con la gloria que en nosotros ha de ser manifestada. 19 Porque el anhelo ardiente de las criaturas, espera la manifestación de los hijos de Dios. 20 Porque las criaturas fueron sujetas a vanidad, no voluntariamente

sino por causa de aquel que las sujetó en esperanza, 21 porque las mismas criaturas serán libradas de la servidumbre de corrupción, en la libertad gloriosa de los hijos de Dios.

Las aflicciones hacen lugar para la gloria en nosotros. Esta gloria se va a manifestar en nosotros

Liberación de la creación: Cuando Adán y Eva pecaron causaron que Dios trajera maldición sobre toda la creación. Esta maldición cayó sobre la creación por culpa de el hombre y es por eso que Dios va a usar el hombre para redimir la creación. Esta liberación va a suceder cuando la gloria de Dios se manifieste en sus hijos.

Dominio sobre Todos los Reinos

Este es el propósito final de Dios: Establecer la plenitud de su reino sobre la tierra. Entendemos que esto es hecho por el Cristo, el cuerpo de Cristo

Apocalipsis 11:15

15 Y el séptimo ángel tocó la trompeta; y fueron hechas grandes voces en el cielo, que decían: Los reinos de este mundo han venido a ser de nuestro Señor, y de su Cristo; y reinará para siempre jamás.

CAPITULO TRES

Una Salvación tan Grande

Hebreos 2:3

¿Cómo escaparemos nosotros, si tuviéremos en poco una salvación tan grande? La cual, habiendo comenzado á ser publicada por el Señor, ha sido confirmada hasta nosotros por los que oyeron;

La salvación es una realidad.

Quiero apoyar los principios de lo que es una salvación inicial en las sagradas escrituras. La Biblia es la voluntad de Dios para la humanidad y debe de ser la fuente y la base de toda experiencia y creencia de aquellos que hemos sido llamados por el Señor.

Marcos 16:15-16

15 Y les dijo: Id por todo el mundo; predicad el evangelio á toda criatura.

16 El que creyere y fuere bautizado, será salvo; mas el que no creyere, será condenado.

Puntos a observar

En primer lugar vemos la importancia de la predicación del evangelio a todas las personas. Cuando se predica el evangelio del Señor Jesucristo, las personas que escuchan este mensaje tendrán que tomar una decisión: Creer el mensaje y experimentar esta salvación inicial o rechazar el mensaje y continuar la vida que hasta ahora han tenido.

En la segunda parte vemos el resultado de la decisión de las personas que escucharon este mensaje.

Algunas personas van a creer el mensaje y otras personas no lo van a creer.

Las personas que creen el mensaje lo van a demostrar por el deseo de cumplir los mandamientos del Señor Jesús y uno de estos mandamientos es el bautizarse en agua.

Vemos entonces cual es el resultado de creer el mensaje del evangelio escuchado.

Claramente vemos que las personas que no creen el mensaje van a ser condenados.

La condenación sucede después que la persona rechaza el mensaje

Quiero que veamos un acontecimiento en las escrituras que ilustran la salvación de una forma clara y sencilla.

Pablo y Silas son puestos en cárcel y a la medianoche sucede un terremoto. El carcelero cree que los prisioneros han escapado y siendo que el es quien está a cargo de ellos, será castigado por las autoridades y decide quitarse la vida. Pablo y Silas lo convencen que no se mate y el carcelero se convence que Dios está con los apóstoles.

Hechos 16:30-34

30 Y sacándolos fuera, le dice: Señores, ¿qué es menester que yo haga para ser salvo? 31 Y ellos dijeron: Cree en el Señor Jesucristo, y serás salvo tú, y tu casa. 32 Y le hablaron la palabra del Señor, y á todos los que están en su casa. 33 Y tomándolos en aquella misma hora de la noche, les lavó los azotes; y se bautizó luego él, y todos los suyos. 34 Y llevándolos á su casa, les puso la mesa: y se gozó de que con toda su casa había creído á Dios.

Puntos importantes a notar

El carcelero quiere ser salvo pero no sabe que es lo que debe de hacer para recibir esta salvación:

Pablo y Silas le dicen al carcelero lo que necesita hacer para ser salvo: Cree en el Señor Jesucristo, y serás salvo tú, y tu casa.

Notemos que aqui no existe una oración. Tampoco apuntan su nombre en un libro.

Lo que necesita este hombre es creer en el Señor Jesucristo. Es fácil ver que este hombre no iba a creer en alguien a quien no conocía. No iba a creer en alguien del cual no sabia nada.

Esa es la razón por la cual se necesita a los predicadores.

Esto nos lleva al segundo punto de este relato.

En segundo lugar los apóstoles hacen lo siguiente: Y le hablaron la palabra del Señor, y á todos los que están en su casa.

Les predicaron y enseñaron la palabra de Dios. La fe que necesitaban para creer iba a venir de escuchar la palabra de Dios y es por eso que los apóstoles les enseñaron la palabra de Dios.

Después que las personas escucharon la palabra de Dios, creyeron y se bautizaron.

Creo que es importante que todos nosotros podamos seguir este ejemplo.

Hablarles a la gente de la palabra de Dios. tomar el tiempo de explicar el evangelio del Señor Jesucristo y cuando la persona lo entienda y lo crea, entonces va a suceder la salvación.

Contacto:
ed12vargas@hotmail.com

Página del ministerio:
www.tiemposderestauracion.net

Made in the USA
Monee, IL
09 March 2020